A MESSIEURS

LES MEMBRES DE L'ASSEMBLÉE GÉNÉRALE

DE LA PRESSE

réunis le 17 juillet 1870

POUR OUVRIR UNE SOUSCRIPTION PATRIOTIQUE

EN FAVEUR

DES ARMÉES FRANÇAISES.

PARIS

TYPOGRAPHIE DE HENRI PLON

RUE GARANCIÈRE, 10

—

1871

A MESSIEURS

LES MEMBRES DE L'ASSEMBLÉE GÉNÉRALE

DE LA PRESSE

réunis le 17 juillet 1870

POUR OUVRIR UNE SOUSCRIPTION PATRIOTIQUE

EN FAVEUR

DES ARMÉES FRANÇAISES.

RAPPORT

A MESSIEURS

LES MEMBRES DE L'ASSEMBLÉE GÉNÉRALE

DE LA PRESSE

réunis le 17 juillet 1870

POUR OUVRIR UNE SOUSCRIPTION PATRIOTIQUE

EN FAVEUR

DES ARMÉES FRANÇAISES.

Paris, 31 décembre 1870.

MESSIEURS ET HONORABLES CONFRÈRES,

L'œuvre dont vous avez jeté les premières assises dans l'Assemblée générale du 17 juillet 1870 est aujourd'hui terminée. La souscription patriotique ouverte par la Presse française en faveur des Armées de terre et de mer se trouve définitivement close, et e viens vous rendre compte, au nom de mes collègues du Comité (a), de la manière dont nous avons dirigé cette longue et difficile opération, avant de vous faire connaître l'emploi d'une partie de nos fonds jusqu'à ce jour.

Le chiffre atteint par notre souscription, ainsi que le constate la dernière liste publiée, est de (b) 1,211,187 fr. 91 c.

Nous avons pu sur cette somme encaisser en espèces, avant le siége, 905,577 fr. 40 c.

(a) Le COMITÉ DE LA SOUSCRIPTION PATRIOTIQUE est ainsi composé : M. de Girardin, président honoraire; M. Tarbé, directeur du *Gaulois*, président; M. de la Grangerie, syndic de la Presse départementale et étrangère, secrétaire général, délégué à l'administration; M. Guéroult, directeur de *l'Opinion nationale*; M. Détroyat, directeur de *la Liberté*; M. Marc, directeur de *l'Illustration*; M. Bullier, de *l'Agence Havas-Bullier*; M. Merson, directeur de *l'Union bretonne*.

(b) Cette somme est réduite à 1,111,187 fr. 91 c., par suite du retrait de la souscription de M. Groult, négociant, qui avait versé cent mille francs pour organiser une banque de prêt populaire, idée repoussée par le comité.

En entravant nos rapports quotidiens avec la province le 18 septembre dernier, l'investissement de Paris a empêché l'encaissement des sommes versées entre les mains de nos correspondants, aux bureaux des feuilles départementales et dans les succursales de la Banque de France.

Nous espérons que la fin du blocus nous permettra de rentrer non-seulement dans les souscriptions annoncées par nos correspondants, mais encore nous procurera des ressources nouvelles qui amélioreront la situation financière de notre œuvre, déjà excellente, comme vous pourrez en juger par l'exposé suivant :

Vous vous souvenez, Messieurs, que nous nous proposions à l'origine d'atteindre un triple but :

Amélioration de la vie du soldat dans sa rude campagne ;

Secours aux blessés sur le champ de bataille ;

Indemnité après la guerre aux familles les plus éprouvées.

De ce programme, la première partie ne put recevoir son exécution. La rapidité de nos désastres ne permit pas à notre Comité de s'entendre avec les Chefs de Corps pour leur adresser utilement les dons en nature qu'il se proposait d'offrir à nos soldats ; il abandonna résolûment les traditions de la Souscription pour l'armée de Crimée, et, tournant toute son attention vers la seconde partie de son programme, il s'occupa des secours aux blessés sur le champ de bataille.

Les efforts individuels et collectifs de la charité privée, aussi bien que de la charité publique, commençaient à donner à cette guerre douloureuse un caractère tout particulier que n'avaient jamais eu jusqu'ici les guerres précédentes. La Convention de Genève avait officiellement inscrit dans le code barbare des combattants le droit imprescriptible de l'humanité ; tous les dévouements accouraient se ranger sous le drapeau blanc à croix rouge ; il ne manquait à cet élan tout national qu'une direction : notre comité l'a rencontrée dans un illustre maître, avec la science, la fermeté, la haute intelligence nécessaires pour créer ce qui n'existait pas encore et coordonner ce qui existait déjà, les éléments d'une grande œuvre. M. le docteur Ricord organisa rapidement, en vue de la grande lutte qui se préparait sous nos murs, l'armée médicale et chirurgicale volontaire qui devait lutter de courage et de patriotisme jusque sur les champs de bataille avec l'armée de défense.

Une ville assiégée qui livre d'incessants combats, qui expose tous les jours ses troupes aux douloureuses épreuves de la pluie et du froid, a bientôt fait de remplir les

établissements officiels de secours : de là le rôle de la charité et de l'initiative privée.
L'ambulance s'ouvre au moment où l'hôpital se ferme; une double nécessité apparaît :
ramasser aux premiers rangs le soldat qui tombe terrassé par la fièvre ou par le feu
de l'ennemi, et le transporter, dans les meilleures conditions possibles, jusqu'au lit
qui l'attend pour sa guérison. De là l'ambulance mobile et l'ambulance fixe, la première pourvoyeuse de la seconde. Voilà le point de départ de l'organisation des
AMBULANCES DE LA PRESSE telle que son comité (c) l'a comprise et exécutée.

Sur la ligne d'investissement, cinq postes régulièrement espacés, composés de
médecins et de brancardiers en nombre suffisant, munis de tout le matériel nécessaire
pour le premier pansement et l'enlèvement des blessés et des malades, garnis de lits
provisoires, pourvus de moyens de transports rapides et confortables, ont fonctionné
dès le premier jour avec une régularité et un zèle qui ont mérité les plus vifs éloges.
A mesure que notre ligne de défense s'étendait davantage, des avant-postes étaient
établis jusqu'à nos grand'gardes, à quelques centaines de mètres de l'ennemi (D), si
près que plusieurs des nôtres ont été atteints par les projectiles.

Les jours de bataille, deux cents voitures chargées de matelas, de couvertures et de
brancards emmenaient, sous le feu même, un nombreux personnel qui a fait trop cou-
rageusement ses preuves et compté trop de victimes pour qu'il soit nécessaire de faire
ici son éloge.

Douze mille hommes ont été ainsi ramassés jour par jour par nos postes mobiles et
par nos escouades, et ramenés dans l'intérieur de Paris; les états nominatifs fournis
par nous au ministère de la guerre en font foi.

Nos hôpitaux-ambulances, au nombre de douze, administrés par des économes-
directeurs, dans lesquels les sœurs de charité et les frères de la doctrine chrétienne
ont prodigué leurs soins touchants aux victimes de la guerre, et nos trente ambulances
annexes ont hospitalisé jusqu'au 31 décembre, depuis le commencement du siége, plus de
deux mille blessés ou malades, représentant au moins 30,000 journées de traitement.

(c) Le Comité des AMBULANCES DE LA PRESSE est ainsi composé : M. le docteur Ricord, président, chirur-
gien en chef; M. Demarquay, chef des ambulances mobiles; M. Edmond Tarbé; M. de la Grangerie, secrétaire général, chargé de l'administration ; Mgr Baüer, aumônier en chef; M. Armand Gouzien, secrétaire
du comité.

(D) Nous citerons entre autres les avant-postes de Fontenay, Joinville-le-Pont, Clamart, Rueil, Nanterre,
Saint-Denis, Arcueil, Aubervilliers, Romainville, etc.

Tels sont, Messieurs, les résultats avec lesquels nous nous présentons devant vous à la fin de l'année 1870.

Grâce aux libéralités pratiques de la Commission Anglaise, qui a pourvu par des achats généreux au bien-être de nos blessés et de nos malades ; grâce à un certain nombre de dons en nature, mis en réserve dès le mois de juillet dans nos magasins et prudemment ménagés ; grâce surtout à une économie sévère et à une vigilance de tous les instants, qui a été la règle constante de notre administration et du contrôle du Comité, nous avons pu faire face à toutes nos dépenses avec une somme relativement peu considérable, si l'on examine le bien produit.

J'ai l'honneur de vous soumettre l'état financier des Ambulances de la Presse, arrêté au 31 décembre 1870.

En espèces, au jour de l'investissement de Paris, dans la caisse de la souscription patriotique. . . . . 905,577 fr. 40

Dépenses des ambulances pour les mois de septembre, octobre, novembre et décembre :

Matériel des ambulances, voitures spéciales, instruments de chirurgie, mobilier des salles, literie, lingerie, vaisselle, etc. . . .	139,667	25
Nourriture des blessés et malades.	56,544	25
Boissons.	2,564	50
Éclairage.	2,454	95
Chauffage.	5,788	00
Transports (chevaux et voitures).	22,862	05
Travaux d'installation, etc.	28,772	20
Pharmacie centrale.	19,383	90
Indemnité aux médecins de garde et aux infirmiers.	35,760	80
TOTAL. . . .	313,797 fr.	90

Reste en caisse au Comptoir d'escompte, espèces, la somme de 591,779 fr. 53 c.

Ainsi, après quatre mois de fonctionnement, au moment où il est permis d'entrevoir la fin de cette guerre néfaste, nous n'avons pas dépensé le tiers de nos ressources, et nous disposons encore, sans parler des rentrées à faire, de près de *six cent mille francs* au 1er janvier 1871.

Nous sommes heureux de vous présenter cet état prospère de notre situation et de justifier ainsi la confiance que vous avez bien voulu mettre en nous. L'initiative privée s'est affirmée une fois de plus dans cette circonstance de la manière la plus indiscutable, puisqu'elle met en regard des résultats considérables obtenus le chiffre relativement modique des moyens pécuniaires employés.

Nous espérons que le compte rendu général mettra en relief plus éloquemment encore ce double succès.

Le membre du Comité délégué, secrétaire général,

DE LA GRANGERIE.

PARIS. — TYPOGRAPHIE DE HENRI PLON, RUE GARANCIÈRE, 8.

www.ingramcontent.com/pod-product-compliance
Lightning Source LLC
LaVergne TN
LVHW010225060726
842527LV00007B/2614